भारत के त्यौहार

Om KIDZ
An imprint of Om Books International

Om KIDZ | Om Books International

Reprinted in 2019

Corporate & Editorial Office
A-12, Sector 64, Noida 201 301
Uttar Pradesh, India
Phone: +91 120 477 4100
Email: editorial@ombooks.com
Website: www.ombooksinternational.com

Sales Office
107, Ansari Road, Darya Ganj
New Delhi 110 002, India
Phone: +91 11 4000 9000
Email: sales@ombooks.com
Website: www.ombooks.com

ISBN: 978-93-81607-82-4

Printed in India

10 9 8 7 6 5 4 3 2

विषय सामग्री

साल के प्रमुख त्यौहार क्रमशः

मकर संक्रांति

मकर संक्रांति फसल का त्यौहार है। इसे हर वर्ष १४ जनवरी को मनाया जाता है। इसे तमिलनाडु में पोंगल, पंजाब में माघी और असम में भोगली बिहू के नाम से मनाया जाता है। इस दिन उत्तरप्रदेश के इलाहाबाद में हजारों श्रद्धालु त्रिवेणी संगम में डुबकी लगाते हैं। त्रिवेणी संगम तीन पवित्र नदियों-गंगा, यमुना और सरस्वती के मिलन को कहा जाता है।

समूचे भारत से आने वाले हजारों तीर्थयात्री बंगाल के गंगासागर मेले में भी शामिल होते हैं। जिस जगह पर गंगा नदी बंगाल की खाड़ी में गिरती है, वहाँ पर श्रद्धालु डुबकी लगाते हैं तथा कपिल मुनि के मंदिर में पापमुक्त होने की प्रार्थना करते हैं। गुजरात और महाराष्ट्र में लोग एक-दूसरे को तिल और गुड़ के लड्डू भेंट करते हैं।

लोग गायों और वृक्षों को भी भोग चढ़ाते हैं और मानव जाति के प्रति उनके योगदान के लिए धन्यवाद देते हैं।

बच्चे और बड़े, सब मिलकर दिन भर रंगबिरंगी और अलग-अलग आकार की पतंगें उड़ाते हैं, जो नीले आसमान पर छा जाती हैं। पतंग महोत्सव मकर संक्रांति के साथ ही शुरू हो जाता है और गुजरात तथा राजस्थान जैसे स्थानों पर दुनिया भर से पर्यटक इसे देखने पहुँचते हैं।

पोंगल

पोंगल तमिलनाडु राज्य का फसल का त्यौहार है, जो १३ जनवरी को हर वर्ष मनाया जाता है। हालाँकि मूल त्यौहार १४ जनवरी से ही शुरू होता है, जिसे पेरम पोंगल कहा जाता है। यह चार दिन तक चलता है।

पोंगल के शुरू होने के पहले 'कोलम' बनाए जाते हैं-'कोलम' चावल के आटे से बनी साज-सज्जा होती है जो तमिल परिवारों के दरवाजे के बाहर फर्श पर बनाई जाती है।

'कोलम' के बीच में गोबर का ढेर होता है, जिसमें लौकी की पाँच पंखुड़ियाँ लगाई जाती हैं। इसे सृजन का प्रतीक माना जाता है। इसे सूर्य देवता को प्यार के रूप में अर्पित किया जाता है।

लोग अच्छी फसल के लिए ईश्वर, पृथ्वी और अपने पशुओं को धन्यवाद देते हैं तथा अगले साल की अच्छी फसल के लिए प्रार्थना करते हैं।

पोंगल त्यौहार का नाम वास्तव में एक मिठाई पर पड़ा है। इसे पोंगल उत्सव के दूसरे दिन बनाया जाता है। पोंगल उत्सव में गीत विशेष महत्व रखते हैं। लोग इकट्ठा होकर गीत गाते हैं।

बिहू

बिहू का त्यौहार असम के लोगों के लिए बहुत महत्वपूर्ण है। यह तीन बिहू त्यौहारों से मिलकर बनता है-वसंत ऋतु में अप्रैल के मध्य में मनाया जाने वाला रंगाली या बोहाग बिहू शरद ऋतु में अक्टूबर के मध्य में मनाया जाने वाला कटी बिहू और शीत ऋतु में जनवरी के मध्य में मनाया जाने

वाला भोगली बिहू। रंगाली बिहू वसंत के आगमन का प्रतीक है और बुआई के पर्व के रूप में मनाया जाता है। कटी बिहू धान के पौधों के दुबारा रोपाई का प्रतीक है। भोगली बिहू फसल के मौसम की समाप्ति पर मनाया जाता है। इस दिन अलग-अलग तरह का पीठा बनाया जाता है। सभी तीनों अवसरों पर, महिलाएँ परंपरागत परिधान, मेखला, पहनकर बिहू गीतों की धुन पर बिहू नृत्य करती हैं। पुरुष धोती-कुर्ता पहनते हैं और सिर तथा कमर पर गमछा बाँधते हैं।

महाशिवरात्रि

महाशिवरात्रि का अर्थ है शिव की महान रात्रि। यही कारण है कि यह त्यौहार नए चंद्रमा की रात में मनाया जाता है। जनवरी और फरवरी में पड़ने वाले हिंदू माह माघ में नए चंद्रमा की रात पड़ती है। यह त्यौहार संहारक-भगवान शिव के सम्मान में मनाया जाता है। इस दिन शिव का पार्वती के साथ विवाह हुआ था। इसी रात को शिव ने तांडव नृत्य किया था।

लोग 'ओम नमः शिवाय' मंत्र का जाप करते हैं। ऐसा कहा जाता है कि जो कोई महाशिवरात्रि को पूरी भक्ति और ध्यान से इस मंत्र का जाप करता है, उसके सारे पाप मिट जाते हैं। महाशिवरात्रि पर श्रद्धालु दिन भर उपवास करते हैं और पूरी रात शिव मंदिर में बिताते हैं। लोग शिव को बेल पत्ती और फल चढ़ाते हैं और शिवलिंग को पानी, दूध, शहद और चंदन से नहलाते हैं।

इसके बाद शिवलिंग को फूलों और मालाओं से सजाया जाता है। विवाहित महिलाएँ उपवास करती हैं और भगवान शिव से अपने पति के स्वास्थ्य तथा सफलता के लिए प्रार्थना करती हैं। कुँवारी कन्याएँ अच्छे पति मिलने की प्रार्थना करती हैं। महाशिवरात्रि वैसे तो पूरे भारत में मनाई जाती है, लेकिन मध्यप्रदेश के उज्जैन में इसे बहुत भव्य तरीके से मनाया जाता है। उज्जैन में स्थित महाकालेश्वर मंदिर का हिंदुओं में बहुत महत्व है। खजुराहो का मतंगेश्वर मंदिर भारत का सबसे बड़ा मंदिर माना जाता है। खजुराहो के एक हजार साल पुराने मंदिरों में यह एकमात्र ऐसा मंदिर है जहाँ अब भी पूजा की जाती है। मतंगेश्वर मंदिर में भी महाशिवरात्रि पर भव्य समारोह होता है।

होली

होली को रंगों का त्यौहार कहा जाता है। इसे फरवरी और मार्च के बीच पड़ने वाले फाल्गुन मास में पूर्णमासी के दिन मनाया जाता है। होली वसंत ऋतु के आगमन का भी प्रतीक है।

होली की रात में हिरण्यकश्यप की बहन राक्षसी होलिका के प्रतीक के रूप में लकड़ियों के ढेर को जलाया जाता है।

होलिका विष्णु के पक्के भक्त प्रह्लाद को जलाना चाहती थी, लेकिन विष्णु ने उसे ही जला दिया था।

इस त्यौहार के दिन सभी धर्मों-जातियों के लोग एक-दूसरे को रंग लगाते हैं। माना जाता है कि भगवान श्रीकृष्ण भी इसी तरह से अपनी प्रेमिका राधा और गोपियों को रंग लगाया करते थे। इस दिन घरों में विशेष पेय ठंडाई तैयार किया जाता है।

रामनवमी

रामनवमी का त्यौहार हिंदू महीने चैत्र की नौवीं तिथि को मनाया जाता है, जो मार्च और अप्रैल के बीच में पड़ता है। यह चैत्र-नवरात्रि समारोहों की समाप्ति का भी प्रतीक है। यह त्यौहार राजा दशरथ और रानी कौशल्या के बेटे भगवान राम के जन्मदिन के रूप में मनाया जाता है।

इस त्यौहार पर भगवान राम के सम्मान में उगते सूरज की पूजा की जाती है। हिंदू धर्मग्रंथों के अनुसार, राम का जन्म दोपहर ठीक बारह बजे हुआ था। इस कारण त्यौहार का उत्साह दोपहर में पूरे जोरों पर होता है। शाम को

रामलीला खेली जाती है, जिसमें गीत और लोकनृत्य शामिल रहते हैं। राम-सीता के मंदिर भव्यता से सजाए जाते हैं और लोग भगवान राम की चौपाइयाँ गाते हैं। पुरोहित लोग रामकथा सुनाते हैं, श्रद्धालु मंत्र जाप करते हैं और रामायण का पाठ करते हैं। भगवान राम की रथयात्रा भी निकाली जाती है। इस शोभायात्रा में राम, सीता, लक्ष्मण और हनुमान की प्रतिमाएँ रथ पर रखकर सड़कों पर घुमाई जाती हैं।

महावीर जयंती

महावीर जयंती जैन धर्म के मानने वालों का सबसे विशिष्ट धार्मिक पर्व होता है। इस दिन अंतिम जैन तीर्थंकर और धर्मगुरु महावीर का जन्म हुआ था। वे मार्च और अप्रैल माह के बीच हिंदू माह चैत्र में पैदा हुए थे।

महावीर जयंती पर जैन मंदिर झंडों से सजाए जाते हैं। सुबह महावीर की प्रतिमा को पूर्ण विधि-विधान से समारोहपूर्वक स्नान कराया जाता है, जिसे अभिषेक कहा जाता है। इसके बाद प्रतिमा को पालकी में रखकर जुलूस के रूप में आस-पास के इलाकों में घुमाया जाता है। जुलूस में शामिल लोगों को जैन लोग दूध, फल, चावल, अगरबत्तियाँ, दीपक और पानी भेंट करते हैं। भक्तों को अच्छाई के रास्ते पर चलने के लिए प्रेरित करने के उद्देश्य से प्रवचन किए जाते हैं। महावीर जयंती पर देश भर के श्रद्धालु गुजरात के गिरनार तथा पालिताना के जैन मंदिरों की यात्रा करते हैं।

नवरोज

नवरोज या जमशेद नवरोज का संबंध पारसी नववर्ष से है। यह दिन २१ मार्च या इसके आस-पास पड़ता है। इस दिन वसंत का स्वागत किया जाता है और हर्षोल्लास के साथ इसे मनाया जाता है-मकानों की सफाई की जाती है और उन्हें फूलों तथा नक्षत्रों, पक्षियों, तितलियों तथा

मछलियों जैसे शुभ चिह्नों से सजाया जाता है। नए वस्त्र पहने जाते हैं। पुरुष सोने-चाँदी की कढ़ाई वाली

टोपियाँ पहनते हैं। पारसी लोग अपने घरों की दहलीज पर रंगोली सजाते हैं।

अतिथियों का गुलाब जल तथा चावल छिड़ककर स्वागत किया जाता है। इसके बाद उनके माथे पर तिलक लगाया जाता है। स्वादिष्ट जलपान के बाद लोग प्रार्थना के लिए अग्नि मंदिर जाते हैं।

इस धार्मिक समारोह के अंत में विशिष्ट प्रार्थना की जाती है, जिसे जश्न कहा जाता है।

इस दिन बनने वाले विशिष्ट पुलाव का हर पारसी वर्ष भर इंतजार करता है। इसे मेज पर केसरिया चादर बिछाकर सजाया जाता है। इस भोजन में लगान-नु-कस्टर्ड और फालूदा का भी बहुत महत्व होता है।

बैसाखी

बैसाखी फसल का प्राचीन त्यौहार है जिसे पंजाबी और सिख समुदाय के लोग हिंदू नववर्ष के शुभारंभ के रूप में मनाते हैं। इसी दिन वर्ष १६९९ में सिखों के दसवें गुरु गोविंद सिंह ने आनंदपुर साहिब में खालसा पंथ की स्थापना की थी। यही कारण है कि सिख इसे दुगुने हर्षोल्लास से मनाते हैं।

बैसाखी अप्रैल माह की १३ या १४ तारीख को पड़ती है। लोग इस दिन सुबह होने से पहले ही फूल और प्रसाद लेकर गुरुद्वारा पहुँच जाते हैं। महिला-पुरुष सब मिलकर भांगड़ा नृत्य करते हैं, जो कि बहुत जोशपूर्ण लोकनृत्य होता है। इस लोकनृत्य की शुरुआत बहुत समय पहले पंजाबी किसानों ने फसल के मौसम के स्वागत में की थी।

लोग इस दिन नए वस्त्र पहनते हैं। इस दिन घरों में तरह-तरह के पकवान बनाए जाते हैं।

ईस्टर

ईस्टर ईसाइयों का पवित्र त्यौहार है। ईसा मसीह को सूली पर चढ़ाकर मार दिए जाने के तीन दिन बाद उनके दुबारा जीवित होने की खुशी में इसे मनाया जाता है। ईसा मसीह को सूली पर चढ़ाने के दिन को गुड फ्राइडे के रूप में मनाया जाता है जो ईस्टर संडे, यानी रविवार के ठीक २ दिन पहले होता है।

ईस्टर २२ मार्च और २५ अप्रैल के बीच में पड़ता है। ईस्टर संडे को चर्चों में विशेष कार्यक्रम आयोजित किए

जाते हैं और विशेष साज-सज्जा की जाती है, जिससे पता चलता है कि यह पर्व दुनिया भर के ईसाइयों के लिए कितना महत्वपूर्ण है।

ईसा मसीह को सूली पर चढ़ाए जाने के दुख में चालीस दिन के उपवास और प्रार्थना के बाद ईस्टर मनाया जाता है। लोग इस त्यौहार को हर्षोल्लास के साथ मनाते हैं। ईसा के पुनर्जीवित होने की खुशी में ईस्टर संडे धूम-धाम से मनाया जाता है। एक रात पहले बच्चों को ईस्टर बनी या रैबिट उपहार में दिए जाते हैं। इनमें ईस्टर अंडे, कैंडी और तरह-तरह के अन्य उपहार खरगोश के आकार में लपेटकर दिए जाते हैं।

बुद्ध पूर्णिमा

बुद्ध पूर्णिमा को बुद्ध जयंती के नाम से भी जाना जाता है, जो कि बौद्धों का सबसे पवित्र त्यौहार है। यह अप्रैल और मई के बीच पूर्णमासी को पड़ता है। इस त्यौहार में बुद्ध के जीवन से जुड़ी तीन महत्वपूर्ण घटनाओं को याद किया जाता है-उनका जन्म, उनका बुद्ध बनना, और निर्वाण की प्राप्ति।

गौतम बुद्ध का जन्म नेपाल के लुंबिनी में एक राजकुमार के रूप में हुआ था। बाद में उन्होंने घर छोड़ दिया और

संन्यासी बन गए। उन्होंने बौद्ध धर्म की स्थापना की और उसके बारे में प्रवचन करने लगे।

बुद्ध पूर्णिमा सारनाथ, गया और कुशीनगर तथा भारत एवं विश्व के अन्य हिस्सों में स्थित बौद्ध तीर्थों में भव्यता के साथ मनाई जाती है और बौद्ध लोग प्रार्थना करते हैं। इस दिन बुद्ध के उपदेश और शिक्षाओं का पाठ किया जाता है, जो इस दिन की प्रमुख धार्मिक गतिविधि होती है। बौद्ध भिक्षु घंटों तक ध्यान लगाते हैं और भक्त बुद्ध प्रतिमा पर फल-फूल, अगरबत्तियाँ अर्पित करते हैं।

रथ यात्रा

सबसे बड़ा रथ यात्रा समारोह ओडीशा में पुरी में जून-जुलाई में होता है।

यह पर्व भगवान जगन्नाथ, उनके भाई बलराम, और बहन सुभद्रा, की गुंडीचा माता मंदिर और मौसी माँ मंदिर की यात्रा के उपलक्ष्य में मनाया जाता है।

इस दिन तीन सुसज्जित और मंदिरों के आकार के विशाल रथ, पुरी की सड़कों पर खींचे जाते हैं। हर वर्ष इस समारोह के लिए नए रथों का निर्माण किया जाता है। भगवान जगन्नाथ का रथ नंदीघोष कहलाता है। इस विशाल रथ में सोलह पहिए होते हैं।

रथ यात्रा के दौरान दुनिया भर के श्रद्धालु रथों को खींचने की कामना के साथ पुरी पहुँचते हैं। ऐसा माना जाता है कि इन रथों को खींचना बहुत पुण्य का कार्य है। रथों के साथ-साथ चलने वाले विशाल जुलूस में लाउडस्पीकर पर भक्ति गीत बजाए जाते हैं और श्रद्धालु तरह-तरह के वाद्ययंत्र बजाते हुऐ चलते हैं। इस दिन बच्चे भी सड़कों पर छोटे-छोटे रथों को खींचते हैं।

तीज

तीज श्रावण मास में मनाया जाता है, जो कि जुलाई-अगस्त में पड़ता है। इसे वर्षा ऋतु की शुरुआत के रूप में मनाया जाता है। यह त्यौहार तीन दिन तक मनाया जाता है। इसमें स्वादिष्ट पकवान बनते हैं लेकिन साथ ही, महिलाएँ कड़ा उपवास करती हैं और अपने पतियों-बच्चों के

अच्छे स्वास्थ्य की कामना के लिए पार्वती से प्रार्थना करती हैं।

महिलाएँ अपने हाथों-पैरों में मेंहदी रचाती हैं। घेवर और फेनी जैसी मिठाइयाँ बनाई जाती हैं और मेहमानों को खिलाई जाती हैं। पार्वती की प्रतिमाएँ सजाई जाती हैं और नाच-गाने के साथ सड़कों पर जुलूस निकाला जाता है। पेड़ों पर फूलों से सज्जित झूले डाले जाते हैं और लड़कियाँ तथा महिलाएँ रंगबिरंगे कपड़े पहनकर झूला झूलती हैं तथा देवी और वर्षा ऋतु की प्रशंसा में गीत गाती हैं।

जन्माष्टमी

जन्माष्टमी भगवान श्रीकृष्ण के जन्मदिन के रूप में मनाया जाता है। यह जुलाई-अगस्त में पड़ने वाले श्रावण मास की आठवीं तिथि को मनाया जाता है। कहा जाता है कि श्रीकृष्ण का जन्म आधी रात को हुआ था और उस समय घना अंधेरा छाया था और तेज हवा चल रही थी और तूफान आया हुआ था। वे इस जगत में सारी बुराइयों को मारने के लिए आए थे।

कृष्ण और राधा के मंदिरों में आधी रात को हर्षोल्लास का माहौल पूरे चरम पर होता है। सोहर गाए जाते हैं, नृत्य होता है, आरती की जाती है और शंख बजाया जाता है। भगवान श्रीकृष्ण की झाँकी आकर्षक ढंग से सजाई जाती है।

भगवान की प्रतिमा को दूध, घी, तेल, शहद और गंगाजल से बने पंचामृत से स्नान कराया जाता है। बाद में पंचामृत के प्रसाद और मिठाइयों का भक्तों के बीच वितरण किया जाता है। कुछ भक्त दिन भर उपवास रखते हैं।

लोग इस दिन रासलीला खेलते हैं, और कृष्ण तथा राधा के नृत्य को याद करते हैं। लोग भगवान श्रीकृष्ण के १०८ नामों का जाप भी करते हैं।

इस दिन जगह-जगह ऊँचाइयों पर दही की हांडियाँ लगाई जाती हैं। युवाओं की टोलियाँ एक के ऊपर एक खड़े होकर इन हांडियों को तोड़ने की कोशिश करती हैं। इन समारोहों को देखने दुनिया भर से लोग पहुँचते हैं और बहुत हर्षोल्लास के साथ ये समारोह संपन्न होते हैं।

श्रीकृष्ण की जन्मस्थली मथुरा में तो इस त्यौहार की भव्यता देखते ही बनती है। दूर-दूर से श्रद्धालु यहाँ के मंदिरों में जन्माष्टमी समारोहों में सम्मिलित होने आते हैं।

रक्षाबंधन

रक्षाबंधन भाई-बहन के प्यार का प्रतीक त्यौहार है। इस त्यौहार पर बहनें अपने भाइयों की कलाइयों पर राखी बाँधती हैं। यह भाइयों के प्रति बहनों के प्यार और उनकी खुशहाली की कामना की प्रतीक होती है।

भाई अपनी बहन की हमेशा रक्षा करने का वचन देता है। राखी सामान्यतः सुनहरे, चमकीले और रेशमी धागे से बनती है।

यह त्यौहार जुलाई-अगस्त में श्रावण मास में पड़ता है। यह त्यौहार ऐतिहासिक रूप से भी प्रसिद्ध है।

चित्तौड़ के राजा की विधवा रानी कर्णावती ने मुगल बादशाह हुमायूँ को राखी भेजकर सहायता माँगी थी और रक्षा का अनुरोध किया था। हुमायूँ राखी पाकर इतना भावुक हुआ कि उसने तुरंत ही कर्णावती की रक्षा के लिए अपनी सेना भेज दी थी।

रक्षाबंधन के दिन बहनें पूजा की थाली तैयार करती हैं और उसमें राखियाँ, चावल के दानें, अगरबत्तियाँ और मिठाइयाँ सजाती हैं। अपने भाइयों की आरती करने के बाद वे उनकी कलाइयों पर आकर्षक राखियाँ बाँधती हैं।

ओणम

ओणम, केरल का सबसे महत्वपूर्ण त्यौहार है, जिसे वे लोग ईश्वर को अच्छी फसल के लिए धन्यवाद देने के लिए मनाते हैं। यह अगस्त-सितंबर के महीने में पड़ता है और चार से दस दिनों तक मनाया जाता है।

लोग पूजा, गीत-संगीत, खेल-कूद, नाच-गाना, नौका-दौड़ जैसे कार्यों में हिस्सा लेते हैं। इस अवसर पर स्वादिष्ट भोजन बनाया जाता है। महिलाएँ नई साड़ियाँ और भारी गहनें पहनती हैं।

महिलाएँ अपने मकानों के बाहर रंगीन चावल के घोल तथा फूलों से रंगबिरंगी सजावट करती हैं। दंतकथा है कि केरल में एक बार राक्षस-राज महाबली का शासन था। वह दानवीर और न्यायप्रिय था, और प्रजा में बहुत लोकप्रिय था। देवता उससे जलते थे। भगवान विष्णु ने निर्धन और बौने ब्राह्मण,

वामन का रूप धरा और महाबली के पास पहुँच गए। वामन ने राजा से तीन कदम जमीन माँगी। राजा तैयार हो गया। वामन ने एक कदम से पूरी धरती, दूसरे कदम से समूचे आकाश को ढँक लिया। तीसरे कदम के लिए महाबली ने अपने आप को अर्पण कर दिया। इस प्रकार महाबली ने देवताओं के हाथों अपना राज्य गँवा दिया।

हालाँकि, महाबली के न्यायप्रिय और नेक होने के कारण विष्णु ने उसे यह अनुमति दे दी कि वह हर साल एक बार पृथ्वी पर आकर अपनी प्रजा से मिल सकता है। साल का यही दिन ओणम के रूप में मनाया जाता है। लोग इस दिन राजा महाबली की पूजा करते हैं।

गणेश चतुर्थी

गणेश चतुर्थी भगवान गणेश के जन्मदिन के रूप में मनाया जाने वाला हिंदू पर्व है। गणेश को बुद्धि और समृद्धि का देवता मानकर पूजा जाता है। यह वैसे तो पूरे भारत में मनाया जाता है लेकिन सबसे ज्यादा उत्साह महाराष्ट्र और पूर्व मराठा साम्राज्य के इलाकों में दिखाई देता है। यह पर्व भाद्र के महीने में मनाया जाता है, जो कि अगस्त और सितंबर के बीच में पड़ता है।

इस दिन मोदक या लड्डू विशेष तौर पर तैयार किए जाते हैं। एक अन्य पकवान करंजी भी बहुत लोकप्रिय है, जो अर्धवृत्ताकार होती है।

गणेश चतुर्थी का समारोह दस दिन तक मनाया जाता है। ग्यारहवें दिन, प्रतिमाओं की पूजा के बाद सड़कों पर ले जाया जाता है। जुलूस की शक्ल में लोग नाचते-गाते इन प्रतिमाओं के साथ चलते हैं। बाद में इन प्रतिमाओं को ले जाकर नदी या समुद्र में विसर्जित कर दिया जाता है।

छठ पूजा

छठ पूजा मुख्य तौर पर बिहार के लोगों द्वारा मनाया जाने वाला त्यौहार है, जो सूर्य देवता की पूजा के लिए मनाया जाता है। सूर्य को शक्ति, तेज और जीवन का देवता माना जाता है। यह त्यौहार सामान्य तौर पर अक्टूबर–नवंबर में कार्तिक माह की छठी तिथि को मनाया जाता है, इसलिए इसे छठ कहा जाता है। कभी–कभी यह सातवीं तिथि को भी पड़ता है। छठ पूजा चार दिन तक चलती है और अन्य भारतीय त्यौहारों की तरह इसे धार्मिक हर्षोल्लास से मनाया जाता है।

बिहार की महिलाएँ इस त्यौहार को विशेष श्रद्धा के साथ मनाती हैं और अपने परिवार की भलाई के लिए प्रार्थना करती हैं। छठ के दिन नदियों या तालाबों में पारंपरिक तरीके से स्नान किया जाता है। महिलाएँ सपरिवार लोकगीत गाते हुए नदी-तालाब की ओर जाती हैं।

छठ बहुत आनंदमय और रंगबिरंगा पर्व है। सभी लोग इस दिन अच्छे-अच्छे कपड़े पहनते हैं। आकर्षक रूप से सजाई गईं सड़कों पर लोग एक साथ निकलकर नदी की ओर जाते हैं और वहाँ हर्षोल्लास से अपनी पूजा सम्पन्न करते है।

नवरात्रि

यह नौ रातों का पर्व है। इस दौरान शक्ति की देवी दुर्गा के नौ रूपों की पूजा की जाती है। नवरात्रि का त्यौहार हर साल दो बार मनाया जाता है-एक बार मार्च-अप्रैल में चैत्र

माह में और दुबारा सितंबर-अक्टूबर में आश्विन माह में। इस दूसरी नवरात्रि को गुजराती लोग बहुत ही धूमधाम से मनाते हैं।

लोग तरह-तरह के समारोहों, रस्मों, उपवास और धार्मिक कर्मकाण्डों में शामिल होते हैं। नवरात्रि के दौरान गुजराती लोग रंगबिरंगी पोशाकें पहनते हैं और गरबा रास करते हैं। गरबा एक विशेष प्रकार का नृत्य होता है, जो मिट्टी के दीपक अथवा देवी प्रतिमा के चारों ओर घूमते हुए किया जाता है।

इन सभी नौ दिनों तक लोग सिर्फ शाकाहारी भोजन ही करते हैं और कई लोग कड़ा उपवास भी रखते हैं। इस त्यौहार का समापन दसवें दिन विजयादशमी पर होता है।

दुर्गा पूजा

दुर्गा पूजा हिंदुओं का राष्ट्रीय पर्व है, जो कि देवी दुर्गा के अपनी संतानों–गणेश, कार्तिक, और उनके रूप–लक्ष्मी और सरस्वती के साथ अपने माता-पिता से मिलने जाने के उपलक्ष्य में मनाया जाता है। वे दशमी के दिन फिर से अपने पति शिव के पास चली जाती हैं। यह त्यौहार सितंबर–अक्टूबर में आश्विन

या कार्तिक माह में पड़ता है। बंगालियों का यह सबसे बड़ा त्यौहार माना जाता है। लोग महिषासुर पर दुर्गा की जीत की खुशी मनाते हैं और दस हाथों में दस शस्त्र लिए दुर्गा की पूजा करते हैं।

इस पर्व को बुराई पर अच्छाई के प्रतीक के रूप में मनाया जाता है। यह त्यौहार पाँच दिन तक चलता है। लोग इन दिनों जल्दी उठते हैं और स्नान करने के बाद देवी प्रतिमाओं पर पुष्पांजलि चढ़ाते हैं। प्रतिदिन ढाक की धुन पर दुर्गा की आरती की जाती है। बड़े-बड़े पंडाल लगाए जाते हैं और उनमें भव्य तथा आकर्षक देवी प्रतिमाएँ सजाई जाती हैं। सामूहिक भोजन और सांस्कृतिक कार्यक्रम भी होते हैं।

त्यौहार के अंतिम दिन सारी प्रतिमाओं को जुलूस की शक्ल में नदियों-तालाबों की ओर ले जाया जाता है, जहाँ पर उन्हें विधिपूर्वक विसर्जित कर दिया जाता है। विसर्जन के बाद सभी एक-दूसरे को विजय की बधाई देते हैं।

दशहरा

दशहरा के त्यौहार को विजयादशमी के नाम से भी जाना जाता है। यह भारत के सबसे आकर्षक त्यौहारों में से एक है। हिंदू धर्मग्रंथ रामायण के अनुसार, जब दशानन रावण ने राम की पत्नी सीता का अपहरण कर लिया था, तब राम ने रावण को मारने के लिए शिव की पूजा की थी।

जिस दिन राम ने रावण का वध किया था, उसी के उपलक्ष्य में और बुराई पर अच्छाई की विजय के प्रतीकस्वरूप दशहरे का त्यौहार मनाया जाता है।

शाम को रामलीला का मंचन किया जाता है। अभिनेता राम और लक्ष्मण का वेश धारण कर रावण, कुंभकर्ण और मेघनाद के पुतले जलाते हैं। इस अवसर पर भारी आतिशबाजी की जाती है। दशहरे का दिन बहुत शुभ और पवित्र माना जाता है। हिंदुओं का मानना है कि इस दिन शुरू किए गए कार्य को सफलता अवश्य मिलती है। इस दिन व्यापारी अपने नए बही-खाते शुरू करते हैं। घरों की सफाई की जाती है और उन्हें फूलों से सजाया जाता है। लोग नए कपड़े पहनते हैं, स्वादिष्ट भोजन पकाया जाता है। लोग एक-दूसरे को मिठाइयाँ बाँटते हैं।

गुरू नानक जयंती

गुरु नानक जयंती सिख समुदाय का दुनिया भर में मनाया जाने वाला त्यौहार है। इसे सिखों का सबसे महत्वपूर्ण त्यौहार माना जाता है।

सिखों के सारे पर्व उनके दसों गुरुओं के जन्मदिन से जुड़े हैं, इसलिए इन्हें गुरुपरब भी कहा जाता है। गुरु नानक जयंती सबसे महत्वपूर्ण गुरुपरब है, जो कि सिख धर्म के संस्थापक गुरु नानक के जन्मदिन पर मनाया जाता है।

गुरु नानकदेव का जन्म १४६९ में तलवंडी नामक स्थान पर हुआ था। उनका जन्म कार्तिक माह में हुआ था।

जयंती से पहले गुरुद्वारों में गुरु ग्रंथ साहब का अखंड पाठ शुरू हो जाता है और तीसरे दिन धार्मिक हर्षोल्लास के साथ गुरु नानक जयंती मनाई जाती है। दिन भर शबद कीर्तन होते हैं। जयंती से एक दिन पहले पंच प्यारों के नेतृत्व में जुलूस निकाला जाता है। निशान साहब कहलाने वाली सिख ध्वजा तथा गुरु ग्रंथ साहब की पालकी लेकर पंच प्यारे इस जुलूस में शामिल होते हैं।

गुरुद्वारों तथा अन्य धार्मिक केंद्रों पर सामूहिक भोज 'लंगर' का आयोजन किया जाता है, जिसमें हर जाति, समाज और वर्गों के लोग एक साथ बैठकर खाना खाते हैं और एकता तथा भाईचारे का भाव फैलाते हैं।

दीवाली

दीवाली को दीपावली भी कहा जाता है। यह त्यौहार बुराइयों पर अच्छाई की जीत के प्रतीक के रूप में मनाया जाता है। इसे कार्तिक मास में मनाया जाता है। इस दिन राम अपनी पत्नी सीता तथा भाई लक्ष्मण के साथ चौदह साल के वनवास के बाद अयोध्या लौटे थे। ऐसा कहा जाता है कि लोग अपने राजा के लौटने की खुशी में रास्ते पर रोशनी के लिए दीपक जलाते रहे थे और मिठाइयाँ बाँट रहे थे। यही परंपरा अब देश भर में निभाई जाती है।

इस शुभ दिन पर धन की देवी लक्ष्मी की पूजा की जाती है। व्यापारी पुराने बही-खाते बंद कर, नए खाते शुरू करते हैं। हिंदू परिवार अपने घरों की साफ-सफाई करते हैं और रंगाई-पुताई करते

हैं। त्यौहार के दिन लोग अपने घरों को फूलों से सजाते हैं। औरतें दहलीज पर रंगोली सजाती हैं।

रात को तरह-तरह के दिये जलाते हैं और आतिशबाजी की जाती है। माना जाता है कि ऐसा करके बुरी आत्माओं को दूर भगाया जाता है। लोग नए कपड़े पहनते हैं और अपने घर आने वाले अतिथियों और रिश्तेदारों, तथा पड़ोसियों को मिठाइयाँ बाँटते हैं। अब दीवाली एक राष्ट्रीय पर्व का रूप ले चुका है और सभी धर्मों, जातियों तथा वर्गों के लोग इसे हर्षोल्लास के साथ मिल-जुलकर मनाते हैं।

ईद-उल-फितर

ईद-उल-फितर दुनिया भर के मुसलमानों का सबसे महत्वपूर्ण त्यौहार है। इसे रमजान का महीना खत्म होने पर मनाया जाता है। रमजान में मुसलमान रोजे रखते हैं। ईद का ऐलान मस्जिद का इमाम करता है। वह विशिष्ट स्थिति में चंद्रमा को देखने के बाद ईद के मनाने की घोषणा करता है। इस चंद्रमा को ईद का चाँद कहते हैं। यह क्षमा, शांति, एकता और भाईचारे का त्यौहार है। इस दिन सभी मुसलमानों के लिए जरूरतमंदों को किसी न किसी

रूप में दान देना अनिवार्य माना गया है। लोग नए-नए कपड़े पहनते हैं, नमाज पढ़ते हैं और अपने मित्रों-परिजनों को ईद की मुबारकबाद देते हैं। बड़े लोग अपने से छोटों को प्यार-स्नेह के रूप में उपहार या पैसे देते हैं, जिसे ईदी कहा जाता है।

ईद-उल-फितर तीन दिनों तक मनाया जाता है, हालाँकि प्रमुख धार्मिक विधि-विधान पहले ही दिन किए जाते हैं। मुसलमान परिवारों के घरों में तरह-तरह के स्वादिष्ट और सुंगधित पकवान बनते हैं। बिरयानी और सेवइयाँ खासतौर पर तैयार की जाती हैं।

क्रिसमस

क्रिसमस ईसाइयों का सबसे बड़ा त्यौहार है। यह दुनिया भर में २५ दिसंबर को मनाया जाता है। इसे यीशु मसीह के जन्मदिन के रूप में मनाया जाता है।

क्रिसमस के साथ ही लोग नए साल की तैयारी शुरू कर देते हैं। क्रिसमस की सच्ची भावना के अनुरूप घरों को सजाया जाता है, क्रिसमस ट्री सजाए जाते हैं और अपने प्रियजनों को उपहार दिए जाते हैं। बच्चे सांता क्लॉज से अपने मनचाहे उपहार माँगते हैं। माना जाता है कि सांता क्लॉज आधी रात के बाद चुपके से बच्चों के पास आकर उनके पास उपहार रख जाते हैं।

क्रिसमस से एक रात पहले लोग पास के चर्च में जाते हैं और मिडनाइट मास में शामिल होते हैं। यीशु मसीह की आराधना में गीत गाए जाते हैं। लोग एक-दूसरे को उपहार देते हैं और सारे परिवार मिलकर क्रिसमस डिनर का आनंद

उठाते हैं। लोग अपने प्रियजनों को ग्रीटिंग कार्ड, इंटरनेट अथवा फोन के जरिए क्रिसमस की शुभकामनाएँ भी देते हैं।

कई सप्ताह पहले से लोग मिठाइयाँ और पकवान बनाना शुरू कर देते हैं। तकरीबन हर ईसाई परिवार में केक या तो बनाया जाता है, या बाजार से खरीदकर लाया जाता है। क्रिसमस पर नए-नए कपड़े पहने जाते हैं। पूरा दिन हर्षोल्लास के साथ बीतता है।

OTHER TITLES IN THIS SERIES